우리말 금강경 사경

도서출판
좋은인연

金剛般若波羅蜜經
금강반야바라밀경

편저자 無一 우학 스님

도서출판 좋은인연

우리말 금강경 사경노트를 내면서

　금강반야바라밀경이란 금강 같은 견고한 지혜, 금강 같은 보석의 아름다운 지혜로 부처님 세계에 나아가는 진리의 길을 밝히는 부처님 말씀을 말합니다.

　반야부 계통 경전은 대승불교가 막 일어나던 시기에 읽혀졌으며, 부처님의 49년 차제설법(次第說法)으로 보아 가장 긴 시간, 완숙된 단계에서 설해진 경전입니다. 이 금강경은 반야부 경전 600부 중 제 577부에 해당하는 경이다. 금강경의 원제목은 '금강반야바라밀경' 또는 '능단 금강반야바라밀경'이며 범어로는 vajracchedika-prajna-paramita-sutra 입니다.

　이 금강경은 인도스님인 구마라습에 의해 처음 한역된 후에 동양 삼국에서 가장 많이 독송되는 경 중의 하나이며 모든 종파를 초월해서 읽혀지고 신봉되어 왔습니다. 특히 육조 혜능스님 이후 금강경은 선종(禪宗)의 소의경전(所依經典)으로 모셔져 왔으며, 현재 조계종의 소의경전이기도 합니다. 육조단경에서는 "금강반야바라밀경 한 권을 지니면 곧 견성하여 반야삼매에 들게 되느니라."라고 까지 하였습니다.

　금강경은 옛날부터 수천, 수만 명의 사람들이 주석서, 참고서를 내어 놓았는데 우리나라에서도 원효스님을 비롯, 많은 고승들이 계신데, 그 중에서 현재 강원에서 주교재로 사용하는 '금강경오가해설의'의 저자인 함허스님이 가장 많이 알려져 있습니다.

이 금강경은 교학적 측면에서 중요한 것은 말할 것도 없지만 신앙적인 면에서도 많은 비중을 차지하고 있으며, 숱한 불자들이 고금을 막론하고 금강경을 수지, 독송, 사경하고 있습니다. 특히 영가 천도에서 가장 주요한 경전으로 신앙되고 있습니다.

금강경의 사경, 독송 공덕에는 수많은 영험담이 있으며 국가가 어려울 때는 이 금강경을 통해 부처님의 힘을 받아 국난을 타개하려 했던 흔적이 많이 남아 있습니다. '고려사' 등에서 당시 국가의 어려움을 이기기 위한 불교 행사로써 '금강경도량' 등을 수십 차례에 걸쳐 개설, 강의했다는 기록이 그 예입니다.

아무튼 금강경은 수행의 교과서로써 뿐만 아니라, 교학적 · 신앙적 측면에서 그 어느 경전보다 가장 많이 유통되고 있으며, 경 중의 경이라 해도 과언이 아닙니다.

여기 우리말 사경을 통해서 큰 깨달음을 성취하시길 발원합니다.

無一 우학 스님의 〈금강경 핵심강의〉 중에서

- 도서출판 좋은인연 편집부 -

사경의 공덕

　깨끗하고 맑은 마음으로 부처님의 원음(圓音)을 옮겨쓰는 불자는 이미 윤회의 고통을 벗어나 있습니다. 정성다해 사경하는 이에게는 불보살님의 가피와 위신력이 있어 일체 모든 장애는 사라지고 기쁨이 늘 충만한 삶이 전개될 것입니다.

　　— 사경의 공덕이 탑을 조성하는 것보다 수승하다.(도행반야경 탑품)
　　— 만약 어떤 사람이 경전을 사경, 수지, 해설하면 대원을 성취한다.
　　　(법화경 법사공덕품)
　　— 무수한 세월 동안 물질로 보시한 공덕보다 경전을 사경, 수지, 독송하여 다른 이를 위해 해설한 공덕이 수승하다.
　　　(금강경 지경공덕분)

사경의 의의

　사경이란 경전 말씀을 따라 쓰거나 옮겨 쓴다는 뜻으로 기도 수행의 한 방편입니다. 사경은 스스로 그 마음을 맑혀가는 거룩한 자기 불사(佛事)입니다. 이렇게 사경한 종이는 탑 등에 봉안되는데 불국사 석가탑에 모셔져 있다가 얼마전 세간에 알려진 무구정광 대다라니가 그 대표적 예입니다.

사경의 순서

　1. 몸을 청정히 한다.
　2. 부처님 사진 등을 모시고 향을 피운다.
　3. 예불을 올린다.
　4. 사경 발원문을 독송한다.
　5. 정성껏 사경에 들어간다.
　6. 사경 회향문을 읽고 부처님 전에 삼배한다.

사경발원문

　진리의 고향, 참말씀의 주인공이신 불보살님께 돌아가 의지하나이다.
　오늘 저희 불자는 지극한 마음으로 사경의식을 봉행하오니 이 공덕이 무량하여 다겁생래로 지어온 죄업장이 소멸되어 위없는 깨달음의 문에 들게 하소서. 그리하여 선망 부모 및 여러 인연있는 영가는 왕생극락하고 모든 바라는 바 소원이 이루어지게 하소서. 또한 이 경전을 보는 모든 이웃들이 환희심을 내어 바른 정법의 문에 들게 하소서.

이 인연으로 부처님 은혜 이웃에 회향하옵길 발원합니다.

관세음보살 관세음보살 관세음보살

사경제자 　　　　　　　　　　　　　　　　　　　합장

사경시작 　　　　　년　　　　월　　　　일

金剛般若波羅蜜經

금강반야바라밀경

금강의 지혜로
부처님 세계에 이르는경

법회인유분 제 일

　아난인 제가 다음과 같이 들었습니다. 어느 때에 석가모니 부처님께서 사위국의 기수급고독원에 계실 적에 큰 비구 스님들 천이백오십 분도 함께 계셨습니다.

　여느 때와 같이 부처님께서는 공양 드실 때가 되어감에 따라 가사를 수하시고 바루를 챙기시어 사위성으로 들어가셨습니다. 그 성안에서 차례로 탁발하시고는 다시 본처소로 돌아오셨습니다. 공양을 다 드신 후, 바루를 거두시고 가사를 벗으시었습니다. 그리고는 발을 씻으시고, 자리를 펴 앉으셨습니다.

法會因由分 第一
如是我聞 一時 佛 在舍衛國祇樹給孤獨園 與大比丘衆千二百五十人 俱
爾時 世尊 食時 着衣持鉢 入舍衛大城 乞食 於其城中 次第乞已 還至本
處 飯食訖 收衣鉢 洗足已 敷座而坐

선현기청분 제 이

　이때 장로인 수보리가 대중 가운데 있다가 자리에서 일어나, 바른편 어깨 쪽 가사를 벗고 바른편 무릎을 땅에 꿇으며, 합장하고 공경스럽게 부처님께 말씀드렸습니다.

　"참으로 경이롭습니다, 세존이시여. 여래께서는 보살들을 잘 생각하여 보호해 주시며, 보살들에게 잘 부탁하여 맡기십니다.

　세존이시여, 선남자 선여인 즉 착한 보살들이 있어, '아뇩다라삼먁삼보리심'이라는 '부처님 세계에 들려는 마음'을 내었다면, 이들은 어떻게 생활하여야 하며, 어떻게 마음을 다스려야 하겠습니까?"

善現起請分 第二
時 長老須菩提 在大衆中 卽從座 起偏袒右肩 右膝着地 合掌恭敬 而白佛言 希有世尊 如來善護念諸菩薩 善付囑諸菩薩 世尊 善男子善女人 發阿耨多羅三藐三菩提心 應云何住 云何降伏其心

부처님께서 말씀하셨습니다.

"오, 그래 그래 착하구나. 수보리야, 너의 말과 같이 여래께서는 보살들을 잘 생각하여 보호해 주시며, 보살들에게 잘 부탁하여 맡기신단다. 자세히 들으라. 너의 묻는 말에 답해 주리라.

선남자 선여인 즉 착한 보살들이 있어, '아뇩다라삼먁삼보리심'이라는 '부처님 세계에 들려는 마음'을 내었다면, 다음과 같이 생활하며 다음과 같이 마음을 다스려야 하느니라."

"예 알겠습니다, 세존이시여. 기꺼이 듣고자 하옵니다."

佛言 善哉善哉 須菩提 如汝所說 如來 善護念諸菩薩 善付囑諸菩薩 汝今諦聽 當爲汝說 善男子善女人 發阿耨多羅三藐三菩提心 應如是住 如是降伏其心 唯然世尊 願樂欲聞

대승정종분 제 삼

부처님께서 수보리에게 이르시었습니다.

"대보살들은 반드시 다음과 같이 마음을 다스려야 하느니라. '이 세상의 온갖 생명체들, 이를테면 알에서 태어났거나, 태에서 태어났거나, 습기에서 태어났거나, 갑자기 변화하여 태어났거나, 하늘나라의 색계 · 무색계에 태어났거나, 무색계 하늘 중 유상천 · 무상천 · 비유상비무상천에 태어났거나, 모두 내가 저 영원한 부처님 세계에 들도록 인도하리라'라고 서원 세우라.

이와 같이 헤아릴 수 없는 생명체들을 부처님 세계로 인도하지만, 실지로는 인도를

14

大乘正宗分 第三

佛 告須菩提 諸菩薩摩訶薩 應如是降伏其心 所有一切衆生之類 若卵生 若胎生 若濕生 若化生 若有色 若無色 若有想 若無想 若非有想 非無想 我皆令入 無餘涅槃 而滅度之 如是滅度無量無數無邊衆生

받은 중생이 없느니라. 왜냐하면 수보리야, 만약에 보살이 자기가 제일이라는 모습, 즉 아상이 있다거나, 나와 남을 나누어서 보는 모습, 즉 인상이 있다거나, 재미있고 호감가는 것만 본능적으로 취하는 모습, 즉 중생상이 있다거나, 영원한 수명을 누려야지 하는 모습, 즉 수자상이 있다면, 이는 보살이 아니기 때문이니라."

묘행무주분 제 사

"또한 수보리야, 보살은 반드시 대상에 매이지 말고 보시를 해야 하느니라. 이른바 형색·소리·냄새·맛·닿임·생각의 대상

實無眾生 得滅度者 何以故 須菩提 若菩薩 有我相 人相 眾生相 壽者相 卽非菩薩
妙行無住分 第四　　　復次須菩提 菩薩 於法 應無所住 行於布施 所謂不住色 布施 不住聲香味觸法

을 떠나서 보시할지니라. 수보리야, 보살은 반드시 이와같이 보시하면서, '내가 보시를 한다'라는 생각도 내지 말아야 하느니라. 왜냐하면 만약에 보살이 '내가 보시를 한다'라는 생각 없이 보시를 하면, 그 복덕이 헤아릴 수 없이 크기 때문이니라. 수보리야, 어떻게 생각하느냐? 동쪽 허공의 크기를 생각으로 헤아릴 수 있겠느냐?"

"헤아릴 수 없습니다, 세존이시여."

"수보리야, 남·서·북·남서·남동·북서·북동·상·하, 각각에 이르는 허공의 크기를 생각으로 헤아릴 수 있겠느냐?"

"헤아릴 수 없습니다, 세존이시여."

布施 須菩提 菩薩 應如是布施 不住於相 何以故 若菩薩 不住相布施 其
福德 不可思量 須菩提 於意云何 東方虛空 可思量不 不也 世尊

"수보리야, 보살이 '내가 한다'라는 생각 없이 보시한 복덕도 이처럼 엄청나서, 생각으로 헤아릴 수 없느니라. 수보리야, 보살은 반드시 이와 같이 가르쳐 준 대로만 마음을 내고, 생활할지니라."

여리실견분 제 오

"수보리야, 어떻게 생각하느냐? 몸의 형색으로 '참 부처님'을 볼 수 있다고 생각하느냐?"

"볼 수 없습니다, 세존이시여. 몸의 형색으로는 '참 부처님'을 볼 수 없습니다. 왜냐하면 부처님께서 말씀하신 '몸의 형색'은 곧

須菩提 南西北方四維上下虛空 可思量不 不也 世尊 須菩提 菩薩 無住相布施福德 亦復如是 不可思量 須菩提 菩薩 但應如所敎住

如理實見分 第五　須菩提 於意云何 可以身相 見如來不 不也 世尊 不可以身相 得見如來 何以故 如來所說身相 卽非身相

몸의 형색이 아니기 때문입니다."

부처님께서 수보리에게 이르시었습니다.

"존재하고 있는 모든 정신적, 물질적인 것은 실체가 없고 끊임없이 변하는 것이니, 만일 이와 같은 줄을 알면 '참 부처님'을 보리라."

정신희유분 제 육

수보리가 부처님께 사뢰었습니다.

"세존이시여, 중생들이 이와 같이 설하신 말씀의 구절들을 귀담아듣고, 실지로 믿음을 내겠습니까?"

부처님께서 수보리에게 이르시었습니다.

佛 告須菩提 凡所有相 皆是虛妄 若見諸相非相 卽見如來

正信希有分 第六

須菩提 白佛言 世尊 頗有衆生 得聞如是 言說章句 生實信不 佛 告須菩提

"그런 말 하지 말아라. 내가 육신의 몸을 버리고 진리의 세계로 든 뒤 이천오백 년 후에라도, 계를 지니고 복을 닦는 자가 있으면, 이 구절 말씀에 능히 믿는 마음을 내어 이를 진실한 것으로 여기리라.

마땅히 알아라. 이 사람은 한 부처님이나 두 부처님이나 셋, 넷, 다섯 부처님께만 선근을 심은 것이 아니라, 한량없는 천만 억 부처님께 여러 선근을 심은 바, 이 구절 말씀을 듣거나 내지는 한 생각만으로도 깨끗한 믿음을 내느니라.

수보리야, 여래께서는 이러한 중생들이 이와 같은 한량없는 복덕을 얻는다는 것을

莫作是說 如來滅後 後五百歲 有持戒修福者 於此章句 能生信心 以此爲實 當知是人 不於一佛二佛三四五佛 而種善根 已於無量千萬佛所 種諸善根 聞是章句 乃至一念 生淨信者 須菩提 如來 悉知悉見 是諸衆生 得 如是 無量福德

다 아시고, 다 보시느니라.

　왜냐하면 이 중생들은 다시는 자기가 제일이라는 모습, 즉 아상이 없으며, 나와 남을 나누어 보는 모습, 즉 인상이 없으며, 재미있고 호감 가는 것만을 본능적으로 취하는 모습, 즉 중생상이 없으며, 영원한 수명을 누려야지 하는 모습, 즉 수자상이 없고, 객관의 대상, 즉 법상도 없으며, 객관의 대상이 아닌 모습, 즉 비법상도 없느니라. 왜냐하면 만약 중생들이 마음에 상을 취하면, 곧 아상·인상·중생상·수자상을 가지는 것이 되기 때문이니라.

　만약에 법상을 취하더라도, 곧 아상·인

何以故 是諸衆生 無復我相 人相 衆生相 壽者相 無法相 亦無非法相 何
以故 是諸衆生 若心取相 卽爲着我人衆生壽者 若取法相

상·중생상·수자상을 가지는 것이 되느니라. 왜냐하면 만약 비법상을 취하기만 해도, 이는 곧 아상·인상·중생상·수자상을 가지는 것이 되기 때문이니라. 그러한 까닭으로 마땅히 객관의 대상, 즉 법상을 취하지 말아야 하며, 객관의 대상이 아닌 모습, 즉 비법상도 취하지 말아야 하느니라.

이와 같은 이유로 내가 너희들 비구에게 항상 설하되, '나의 설법을 뗏목에 비유했다는 것을 알아라'라고 하였느니라. 법도 버려야 하는데, 하물며 비법에 매여서 되겠느냐!"

即着我人衆生壽者 何以故 若取非法相 即着我人衆生壽者 是故 不應取法 不應取非法 以是義故 如來常說 汝等比丘 知我說法 如筏喩者 法尚應捨 何況非法

"수보리야, 어떻게 생각하느냐? 여래께서 아뇩다라삼먁삼보리, 즉 부처님 세계를 얻었다고 생각하느냐? 여래께서 설하신 법이 있다고 생각하느냐?"

수보리가 대답하였습니다.

"제가 부처님께서 설하신 말씀의 뜻을 이해하기로는, 아뇩다라삼먁삼보리 즉 '부처님 세계'라고 이름할 만한 일정한 법이 없으며, '여래께서 설하셨다'라고 할 만한 일정한 법도 또한 없습니다. 왜냐하면 여래께서 설하신 법은 다 취할 수도 없고, 다 말할 수도 없으며, 법도 아니고 법 아님도 아니기

無得無說分 第七

須菩提 於意云何 如來得 阿耨多羅三藐三菩提耶 如來有所說法耶 須菩提言 如我解佛所說義 無有定法 名阿耨多羅三藐三菩提 亦無有定法 如來可說 何以故 如來所說法 皆不可取 不可說 非法 非非法

때문입니다. 어떤 연유인고 하면, 그것은 모든 현인이나 성인들이 다 '근본 자리에서 쓰는 무위법' 가운데 여러 가지 차별이 있는 까닭입니다."

의법출생분 제 팔

"수보리야, 어떻게 생각하느냐? 만약 어떤 사람이 삼천대천세계에 일곱 가지 종류의 보물, 즉 칠보를 가득히 쌓아서 보시한다면, 이 사람의 지은 바 복덕이 많지 않겠느냐?"

수보리가 대답하였습니다.

"대단히 많겠습니다, 세존이시여. 왜냐하

所以者何 一切賢聖 皆以無爲法 而有差別
依法出生分 第八
須菩提 於意云何 若人滿三千大千世界七寶 以用布施 是人 所得福德
寧爲多不 須菩提言 甚多 世尊

면 이 복덕은 참다운 복덕의 성질이 아닌 까
닭에 여래께서 '복덕이 많다'라고 하셨기
때문입니다."

"만약에 또 어떤 사람이 있어, 이 경 가운
데서 받아 지니거나, 혹은 네 구절의 게송
등을 다른 사람에게 설하여 주면, 그 복덕은
저 칠보를 보시한 복덕보다 더 수승하리라.
왜냐하면 일체의 모든 부처님과 모든 부처
님의 아뇩다라삼먁삼보리법이 모두 이 경에
서 나왔기 때문이니라. 수보리야, 이른바
'부처님 법'이라는 것은 곧 부처님 법이 아
니니라."

何以故 是福德 卽非福德性 是故 如來說 福德多 若復有人 於此經中 受
持乃至四句偈等 爲他人說 其福勝彼 何以故 須菩提 一切諸佛 及諸佛
阿耨多羅三藐三菩提法 皆從此經出 須菩提 所謂佛法者 卽非佛法

"수보리야, 어떻게 생각하느냐? 수다원이 능히 '내가 수다원과를 얻었다'라는 생각을 짓겠느냐?"

수보리가 대답하였습니다.

"그러한 생각을 짓지 않습니다, 세존이시여. 왜냐하면 수다원은 '성인의 류에 든다'라는 말이오나, 실지로는 들어간 바가 없기 때문입니다. 형색·소리·냄새·맛·닿임·생각의 대상에 물들지 아니한 까닭에, 그 이름을 '수다원'이라 할 뿐입니다."

"수보리야, 어떻게 생각하느냐? 사다함이 능히 '내가 사다함과를 얻었다'라는 생

一相無相分 第九

須菩提 於意云何 須陀洹 能作是念 我得須陀洹果不 須菩提言 不也 世尊 何以故 須陀洹 名爲入流 而無所入 不入色聲香味觸法 是名須陀洹 須菩提 於意云何 斯陀含 能作是念 我得斯陀含果不

각을 짓겠느냐?"

수보리가 대답하였습니다.

"그러한 생각을 짓지 않습니다, 세존이시여. 왜냐하면 사다함은 '한번 갔다 온다'라는 말이오나, 실지로는 가고 옴이 없는 까닭에, 그 이름을 '사다함'이라 할 뿐이기 때문입니다."

"수보리야, 어떻게 생각하느냐? 아나함이 능히 '내가 아나함과를 얻었다'라는 생각을 짓겠느냐?"

수보리가 대답하였습니다.

"그러한 생각을 짓지 않습니다, 세존이시여. 왜냐하면 아나함은 '갔다 오지 않는다'

須菩提言 不也 世尊 何以故 斯陀含 名一往來 而實無往來 是名斯陀含
須菩提 於意云何 阿那含 能作是念 我得阿那含果不 須菩提言 不也 世
尊 何以故 阿那含

라는 말이오나, 실지로는 오지 않음이 없는 까닭에, 그 이름을 '아나함'이라 할 뿐이기 때문입니다."

"수보리야, 어떻게 생각하느냐? 아라한 이 능히 '내가 아라한과를 얻었다'라는 생각을 짓겠느냐?"

수보리가 대답하였습니다.

"그러한 생각을 짓지 않습니다, 세존이시여. 왜냐하면 실지로는 법이 있지 않은 까닭에, 그 이름을 '아라한'이라 할 뿐이기 때문입니다. 세존이시여, 만약 아라한이 이와 같이 생각을 짓되, '내가 아라한과를 얻었다'라고 한다면, 이는 곧 아상·인상·중생

名爲不來 而實無不來 是故 名阿那含 須菩提 於意云何 阿羅漢 能作是念 我得阿羅漢道不 須菩提言 不也 世尊 何以故 實無有法 名阿羅漢 世尊 若阿羅漢作 是念 我得阿羅漢道 卽爲着我人衆生壽者

상·수자상에 걸리는 것이 됩니다.

　세존이시여, 부처님께서 설하시되, 제가 '번뇌와의 다툼을 여읜 삼매'를 얻은 사람 가운데에서 가장 제일이라고 하셨습니다. 이는 '욕심을 떠난 아라한 가운데 제일'이라는 말씀입니다. 하오나 세존이시여, 저는 '내가 욕심을 떠난 아라한이다'라는 생각을 짓지 않습니다. 세존이시여, 제가 만약에 '아라한도를 얻었다'라는 생각을 지었다면, 세존께서 '수보리는 아란나행을 좋아하는 자'라고 말씀하지 않으셨을 것입니다. 실은 제가 그러지 않았으므로, '수보리는 아란나행을 좋아한다'라고 하셨습니다."

28

世尊 佛說我得無諍三昧 人中 最爲第一 是第一離欲阿羅漢 世尊 我不作是念 我是離欲阿羅漢 世尊 我若作是念 我得阿羅漢道 世尊 卽不說須菩提 是樂阿蘭那行者 以須菩提 實無所行 而名須菩提 是樂阿蘭那行

부처님께서 이르시었습니다.

"수보리야, 어떻게 생각하느냐? 여래가 옛적에 연등 부처님 처소에서 법을 얻은 바가 있다고 생각하느냐?"

"아닙니다, 세존이시여. 여래께서 연등 부처님 처소에 계실 적에, 실지로 법을 얻으신 바가 없습니다."

"수보리야, 어떻게 생각하느냐? 보살이 '불국토를 장엄한다'라는 생각을 하겠느냐?"

"아닙니다, 세존이시여. 왜냐하면 '불국토를 장엄한다'라는 것은 곧 장엄이 아니

莊嚴淨土分 第十

佛告須菩提 於意云何 如來 昔在燃燈佛所 於法 有所得不 不也 世尊 如來在燃燈佛所 於法 實無所得 須菩提 於意云何 菩薩莊嚴佛土不 不也 世尊 何以故 莊嚴佛土者 即非莊嚴

라, 그 이름이 '장엄'이기 때문입니다."

"그러한 까닭으로 수보리야, 모든 대보살들은 반드시 다음과 같이 청정한 마음을 내어야 하느니라. 즉, 형색에 머물러서 마음을 내지 말고, 소리·냄새·맛·닿임·생각의 대상에 머물러서 마음을 내지도 말아야 하나니, 마땅히 아무 데도 집착하는 바 없이 그 마음을 낼지니라.

수보리야, 비유컨대 어떤 사람이 있어 그 사람의 몸이 '수미산왕만 하다'라고 한다면, 어떻게 생각하느냐? 그 몸이 '크다'라고 하겠느냐?"

수보리가 대답하였습니다.

是名莊嚴 是故 須菩提 諸菩薩摩訶薩 應如是生淸淨心 不應住色生心
不應住聲香味觸法生心 應無所住 而生其心 須菩提 譬如有人 身如須彌
山王 於意云何 是身 爲大不 須菩提言

"'대단히 크다'라고 하겠습니다, 세존이시여. 왜냐하면 부처님께서는 '참다운 진리적 몸이 아닌 몸'을 말씀하시므로, 이를 '큰 몸'이라 이름하신 것이기 때문입니다."

무위복승분 제 십일

"수보리야, 갠지스강에 있는 모래의 숫자만큼 수많은 갠지스강들이 있다면, 어떻게 생각하느냐? 이 모든 갠지스강들에 있어서 그 모래들의 숫자가 많지 않겠느냐?"

수보리가 대답하였습니다.

"대단히 많겠습니다, 세존이시여. 그 강들의 숫자만 하더라도 무수히 많을 텐데, 그

甚大 世尊 何以故 佛說非身 是名大身

無爲福勝分 第十一

須菩提 如恒河中所有沙數 如是沙等恒河 於意云何 是諸恒河沙 寧爲多不 須菩提言 甚多 世尊 但諸恒河 尚多無數

모든 강들에 있는 모래의 수이겠습니까?"

"수보리야, 내가 지금 진실로 말하노니, 만약에 어떤 선남자 선여인 즉 착한 보살이 있어서, 일곱 가지 종류의 보물, 즉 칠보를 그 무수한 강들의 모래 수만큼 많은 삼천대천세계에 가득히 채워서 보시한다면, 그 복덕이 많지 않겠느냐?"

수보리가 대답하였습니다.

"대단히 많겠습니다, 세존이시여."

부처님께서 수보리에게 이르시었습니다.

"만약 어떤 선남자 선여인이 이 경의 전체 가운데서나 내지는 받아 지닌 네 구절의 게송 등을 다른 사람을 위해 설하여 주면, 이

何況其沙 須菩提 我今 實言 告汝 若有善男子善女人 以七寶 滿爾所恒河沙數 三千大千世界 以用布施 得福多不 須菩提言 甚多 世尊 佛告須菩提 若善男子善女人 於此經中 乃至受持四句偈等 爲他人說 而此福德

복덕은 앞에서의 칠보를 보시한 복덕보다 훨씬 더 수승하리라."

존중정교분 제 십이

"또한 수보리야, 어디서나 이 경 전체 내지는 네 구절의 게송 등을 설한다면, 마땅히 알아라. 이곳은 온 세계의 하늘사람·인간·아수라들이 모두 응당 공양하기를 부처님의 탑에 공양하듯 할 것이어늘, 하물며 어떤 사람이 끝까지 경을 받아 지니며, 읽고 외우는 것에 있어서랴?

수보리야, 마땅히 알아라. 이 사람은 가장 높고 제일 가는 거룩한 법을 성취할 것이니,

勝前福德

尊重正教分 第十二　　復次須菩提 隨說是經 乃至四句偈等 當知此處 一切世間 天人阿修羅 皆應供養 如佛塔廟 何況有人 盡能受持讀誦 須菩提 當知 是人 成就最上第一 希有之法

만약 이 경전이 있는 곳은 곧 부처님과 훌륭한 제자가 계신 곳이 되느니라."

여법수지분 제 십삼

그때 수보리가 부처님께 사뢰었습니다.

"세존이시여, 이 경의 이름을 마땅히 무엇이라 하며, 우리들이 어떻게 받들어 지녀야 하겠습니까?"

부처님께서 수보리에게 이르시었습니다.

"이 경의 이름은 '금강반야바라밀경'이니, 반드시 이 이름의 글자 그대로 받들어 지닐지니라. 어떤 연유인고 하면 수보리야, 부처님께서 설하신 '반야바라밀'은 반야바

若是經典所在之處卽爲有佛若尊重弟子

如法受持分 第十三　　爾時 須菩提白佛言 世尊 當何名此經 我等 云何奉持 佛告須菩提 是經 名爲金剛般若波羅蜜 以是名字 汝當奉持 所以者何 須菩提 佛說般若波羅蜜

라밀이 아니라 그 이름이 '반야바라밀'인 까닭이니라.

수보리야, 어떻게 생각하느냐? 여래께서 설하신 바 법이 있겠느냐?"

수보리가 부처님께 사뢰었습니다.

"세존이시여, 여래께서 설하신 바 법이 없습니다."

"수보리야, 어떻게 생각하느냐? 삼천대천세계에 있는 바 티끌을 많다고 하겠느냐?"

수보리가 대답하였습니다.

"대단히 많겠습니다, 세존이시여."

"수보리야, 모든 '티끌'은 여래께서 설하

即非般若波羅蜜 是名般若波羅蜜 須菩提 於意云何 如來有所說法不 須
菩提白佛言 世尊 如來無所說 須菩提 於意云何 三千大千世界所有微塵
是爲多不 須菩提言 甚多 世尊 須菩提 諸微塵 如來說

시되, 티끌이 아니라 그 이름이 '티끌'이라 하시었느니라. 여래께서 설하시되, '세계'도 세계가 아니라 그 이름이 '세계'라 하셨느니라. 수보리야, 어떻게 생각하느냐? 32상의 형상으로써 '참 부처님'을 볼 수 있겠느냐?"

"볼 수 없습니다, 세존이시여. 32상의 형상으로는 '참 부처님'을 볼 수 없습니다. 왜냐하면 여래께서 설하시되, '32상의 형상은 상이 아니라 그 이름이 32상이다'라고 하셨기 때문입니다."

"수보리야, 만약에 어떤 선남자 선여인 즉 착한 보살이 있어, 저 갠지스강 모래의 숫자

36

非微塵 是名微塵 如來說世界 非世界 是名世界 須菩提 於意云何 可以三十二相 見如來不 不也 世尊 不可以三十二相 得見如來 何以故 如來說三十二相 卽是非相 是名三十二相 須菩提 若有善男子善女人

만큼이나 많은 몸과 목숨으로써 보시를 하여도, 만일 또 어떤 사람이 있어서, 이 경 전체 가운데서나 내지는 받아 지닌 네 구절의 게송 등을 다른 사람을 위해 설하여 주면, 그 복이 훨씬 더 많으리라."

이상적멸분 제 십사

그때 수보리가 금강경 설하시는 것을 듣고, 깊이 그 뜻을 이해하고 감격하여 흐느껴 울면서 부처님께 사뢰었습니다.

"참으로 경이롭습니다, 세존이시여. 부처님께서 이렇게 뜻이 깊고 깊은 경전을 설하시는 것은 제가 지금까지 얻은 바 지혜의 눈

以恒河沙等身命 布施 若復有人 於此經中 乃至受持四句偈等 爲他人說 其福甚多

離相寂滅分 第十四   爾時 須菩提 聞說是經 深解義趣 涕淚悲泣 而白佛言 希有世尊 佛說如是 甚深經典 我從昔來

으로써는 일찍이 이와 같은 경을 들어 보지 못하였습니다.

세존이시여, 만약에 또 어떤 사람이 있어 이 경의 말씀을 귀담아듣고, 믿는 마음이 청정하면, 우주 인생의 참다운 모습, 즉 실상을 깨닫게 될 것이니, 마땅히 이 사람은 이 세상에서 가장 경이로운 공덕을 성취하게 될 것임을 알겠습니다. 세존이시여, 이 '실상'이라는 것은 곧 상이 아닙니다. 그러한 까닭으로 여래께서 설하시되, 그 이름이 '실상'이라고 하셨습니다.

세존이시여, 제가 지금에 이 경의 말씀을 귀담아듣고, 믿고 이해하여 받아 지니는 것

所得慧眼 未曾得聞如是之經 世尊 若復有人 得聞是經 信心淸淨 卽生實相 當知是人 成就第一 希有功德 世尊 是實相者 卽是非相 是故 如來 說名實相 世尊 我今得聞如是經典 信解受持

은 어렵지 않습니다. 하지만 만약 장차 다가올 이천오백 년 후의 세상에서 그 어떤 중생이 있어, 이 경을 귀담아듣고서 믿고 이해하여 받아 지닌다면, 이 사람의 행위는 이 세상에서 가장 경이로운 일이 되겠습니다. 왜냐하면 이 사람은 아상·인상·중생상·수자상이 없기 때문입니다. 어떤 연유인고 하면, 아상은 곧 상이 아니요, 인상·중생상·수자상도 곧 상이 아닌 까닭입니다. 왜냐하면 일체의 모든 상에서 벗어나야, 곧 '부처님 경지'라고 이름하기 때문입니다."

부처님께서 수보리에게 이르시었습니다.

"그러하니라, 그러하니라. 만약에 또 어

不足爲難 若當來世後五百歲 其有衆生 得聞是經 信解受持 是人 卽爲第一希有 何以故 此人 無我相 無人相 無衆生相 無壽者相 所以者何 我相 卽是非相 人相 衆生相 壽者相 卽是非相 何以故 離一切諸相 卽名諸佛 佛告須菩提 如是如是

떤 사람이 있어, 이 경을 귀담아듣고서 놀라지도 않고, 겁내지도 않으며, 두려워하지도 않는다면, 이 사람은 참으로 경이로운 사람임을 알아야 하느니라. 왜냐하면 수보리야, 여래께서 설하신 '제일바라밀'은 제일바라밀이 아니라 그 이름이 '제일바라밀'이기 때문이니라.

수보리야, '인욕바라밀'도 여래께서 설하시되, 인욕바라밀이 아니라 그 이름이 '인욕바라밀'이라고 하셨느니라. 왜냐하면 수보리야, 내가 옛날 가리왕에게 몸을 베이고 잘리고 할 그때에도 나에게는 아상이 없었으며, 인상도 없었고, 중생상도 없었고, 수

若復有人 得聞是經 不驚不怖不畏 當知是人 甚爲希有 何以故 須菩提 如來說第一波羅蜜 卽非第一波羅蜜 是名第一波羅蜜 須菩提 忍辱波羅蜜 如來說非忍辱波羅蜜 是名忍辱波羅蜜 何以故 須菩提 如我昔爲歌利王 割截身體 我於爾時 無我相 無人相 無衆生相

자상도 없었기 때문이니라. 왜냐하면 내가 지난 그때에 마디마디와 사지가 찢길 때, 만약 아상이나 인상·중생상·수자상이 있었더라면, 응당 성내고 원망하는 마음을 내었을 것이기 때문이니라. 수보리야, 또 저 옛날 오백세에 욕됨을 참는 신선이었던 때를 생각하니, 그 세상에서도 아상·인상·중생상·수자상이 없었느니라. 그러한 까닭으로 수보리야, 보살은 마땅히 일체의 상을 떠나서 '아뇩다라삼먁삼보리, 즉 부처님 세계에 들겠다'라는 마음을 내어야 하느니라. 마땅히 형색에 머물러 마음을 내지 말며, 소리·냄새·맛·닿임·생각의 대상에 머물

無壽者相 何以故 我於往昔節節支解時 若有我相 人相 衆生相 壽者相 應生瞋恨 須菩提 又念過去於五百世 作忍辱仙人 於爾所世 無我相 無人相 無衆生相 無壽者相 是故 須菩提 菩薩 應離一切相 發阿耨多羅三藐三菩提心 不應住色 生心 不應住聲香味觸法 生心

러 마음을 내지 말지니라. 마땅히 머무름이 없는 마음을 내어야 하느니라. 만약에 마음에 머무름이 있다면 곧 머무름이 아니니라. 그러한 까닭으로 부처님께서 설하시되, '보살은 마음을 형색에 머물러서 보시를 하지 않는다'라고 하셨느니라.

수보리야, 보살은 일체중생을 이익되게 하기 위하여 마땅히 이와 같이 보시를 해야 하느니라. 여래께서 설하시되, '일체의 모든 상은 곧 상이 아니다'라고 하셨으며, 또 말씀하시기를 '일체중생은 곧 중생이 아니다'라고 하셨느니라. 수보리야, 여래는 '참된 말'을 하시는 분이며, '실다운 말'을 하

應生無所住心 若心有住 卽爲非住 是故 佛說菩薩 心不應住色布施 須
菩提 菩薩 爲利益一切衆生 應如是布施 如來說一切諸相 卽是非相 又
說一切衆生 卽非衆生 須菩提 如來 是眞語者 實語者

시는 분이며, '있는 그대로의 말'을 하시는 분이며, '속이지 않는 말'을 하시는 분이며, '다르지 않은 말'을 하시는 분이니라. 수보리야, 여래께서 얻으신 이 법은 실다움도 없고, 헛됨도 없느니라.

수보리야, 만약 보살이 마음을 법에 머물러 보시를 하면, 사람이 어둠 속으로 들어가서 그 무엇도 볼 수가 없는 것과 같으니라. 만약 보살이 마음을 법에 머무르지 않고 보시를 하면, 사람에게 눈이 있고 빛이 있어 여러 가지 모양을 보는 것과 같으니라. 수보리야, 장차 다가올 그 세상에 만일 선남자 선여인, 즉 착한 보살이 있어서, 능히 이 경

如語者 不誑語者 不異語者 須菩提 如來所得法 此法 無實無虛 須菩提 若菩薩 心住於法 而行布施 如人入闇 即無所見 若菩薩 心不住法 而行布施 如人有目 日光明照 見種種色 須菩提 當來之世 若有善男子善女人 能於此經 受持

을 받아 지니며 읽고 외우면, 곧 여래께서 부처님 지혜로써 이 사람들을 다 아시고, 이 사람들을 다 보셔서, 모두가 한량없고 끝이 없는 공덕을 성취케 하시느니라."

지경공덕분 제 십오

"수보리야, 만약에 선남자 선여인, 즉 착한 보살들이 있어서, 아침에 갠지스강 모래의 숫자만큼 몸을 바쳐 보시하고, 낮에도 갠지스강 모래의 숫자만큼 몸을 바쳐 보시하고, 저녁에도 또한 갠지스강의 모래 수만큼의 숫자로 몸을 바쳐 보시를 하는데, 이렇게 하여 한량없는 백천만억 겁의 세월 동안 몸

讀誦 卽爲如來以佛智慧 悉知是人 悉見是人 皆得成就無量無邊功德
持經功德分 第十五
須菩提 若有善男子善女人 初日分 以恒河沙等 身布施 中日分 復以恒
河沙等身 布施 後日分 亦以恒河沙等身 布施 如是無量百千萬億劫

으로 보시하더라도, 만약 또 어떤 사람이 있어서, 이 금강경 법문을 듣고, 믿는 마음으로 거역하지만 않는다면, 그 복덕이 몸을 바쳐 보시하는 것보다 훨씬 수승하거늘, 하물며 경전 내용을 사경 하고, 받아 지녀 읽고 외우며, 다른 사람을 위해 설명해 주는 것들에 있어서랴?

수보리야, 중요한 것을 말하건대 이 경에는 생각할 수도 없고, 그 양을 말로 할 수도 없는, 끝이 없는 공덕이 있느니라. 여래께서는 대승의 마음을 낸 이를 위하여 이 경을 설하셨으며, 가장 높은 마음을 낸 이를 위하여 이 경을 설하셨느니라.

以身布施 若復有人 聞此經典 信心不逆 其福 勝彼 何況書寫受持讀誦 爲人解說 須菩提 以要言之 是經 有不可思議不可稱量無邊功德 如來 爲發大乘者說爲 發最上乘者說

만약에 어떤 사람이 있어, 이 경전을 받아 지녀 읽고 외우며, 여러 사람들에게 말하여 주면, 여래께서 이 사람들을 다 아시고, 이 사람들을 다 보셔서, 모두가 한량없고 일컬을 수도 없으며 끝도 없는, 가히 생각할 수 없는 공덕을 성취케 하시느니라. 이와 같은 사람들은 곧 여래의 아뇩다라삼먁삼보리, 즉 부처님 세계 건설을 책임질 것이니라.

왜냐하면 수보리야, 소승법을 즐기는 자는 아상·인상·중생상·수자상의 소견에 집착하므로, 이 경을 알아들을 수도 없고, 받아 지녀 읽고 외울 수도 없으며, 다른 사람을 위해 설명하여 줄 수도 없기 때문이니

若有人 能受持讀誦 廣爲人說 如來 悉知是人 悉見是人 皆得成就 不可量 不可稱 無有邊不可思議功德 如是人等 卽爲荷擔如來 阿耨多羅三藐三菩提 何以故 須菩提 若樂小法者 着我見 人見 衆生見 壽者見 卽於此經 不能聽受讀誦 爲人解說

라. 수보리야, 어디든지 이 경이 있으면 온 세계의 하늘사람·인간·아수라들이 응당 공양을 올리리니, 마땅히 알아라. 이곳은 부처님의 탑과 같으므로, 모두가 응당 공경스럽게 예를 올리며, 주위를 돌면서 온갖 꽃과 향을 그곳에 뿌리리라."

능정업장분 제 십육

"또한 수보리야, 선남자 선여인이 이 금강경을 받아 지니며 읽고 외우는데도 만약 남에게 업신여김을 당한다면, 이 사람은 전생에 지은 죄업으로 마땅히 악도에 떨어져야 하지만, 금생의 사람들이 업신여김으로써

須菩提 在在處處 若有此經 一切世間 天人 阿修羅 所應供養 當知此處 卽爲是塔 皆應恭敬 作禮圍繞 以諸華香 而散其處

能淨業障分 第十六　　　復次須菩提 善男子善女人 受持讀誦此經 若爲人輕賤 是人 先世罪業 應墮惡道 以今世人 輕賤故

전생의 죄업이 모두 소멸되고 마땅히 아뇩다라삼먁삼보리를 얻을 것이니라.

수보리야, 내가 과거 한량없는 아승지 겁을 생각해 보니, 연등 부처님을 뵙기 전에 팔백사천만 억 나유타의 여러 부처님을 만나 모두 다 공양 올리고 받들어 섬겼으며, 헛되이 지냄이 없었느니라.

만약에 또 어떤 사람이 있어, 이 다음 말법 세상에서 능히 이 경을 받아 지니며 읽고 외우면, 그 얻는 공덕은 내가 여러 부처님께 공양한 공덕으로는 백 분의 일, 백천만억 분의 일에도 미치지 못할 뿐만 아니라, 헤아림이나 비유로는 능히 미치지 못하느니라.

先世罪業 卽爲消滅 當得阿耨多羅三藐三菩提 須菩提 我念過去無量阿僧祇劫 於燃燈佛前 得値 八百四千萬億 那由他諸佛 悉皆供養承事 無空過者 若復有人 於後末世 能受持讀誦此經 所得功德 於我所供養 諸佛功德 百分不及一 千萬億分 乃至算數譬喩 所不能及

수보리야, 만약 선남자 선여인이 이 다음 말법 세상에서 이 경을 받아 지니며 읽고 외워서 얻는 공덕을 내가 다 갖추어 말한다면, 혹 어떤 사람은 마음이 몹시 산란하여 의심하고 믿지 아니하리라.

수보리야, 마땅히 알아라. 이 경은 뜻도 가히 생각할 수 없고, 과보도 또한 가히 생각할 수 없느니라."

구경무아분 제 십칠

그때 수보리가 부처님께 사뢰었습니다.

"세존이시여, 선남자 선여인이 아뇩다라삼먁삼보리심을 내고는 어떻게 머물러야 하

須菩提 若善男子善女人 於後末世 有受持讀誦此經 所得功德 我若具說者 或有人聞 心卽狂亂 狐疑不信 須菩提 當知 是經 義 不可思議 果報 亦不可思議

究竟無我分 第十七　　爾時 須菩提 白佛言 世尊 善男子善女人 發阿耨多羅三藐三菩提心 云何應住

며, 어떻게 그 마음을 항복 받아야겠습니까?"

부처님께서 수보리에게 이르시었습니다. "만약에 선남자 선여인이 아뇩다라삼먁삼보리심을 내었거든, 마땅히 이러한 마음, 즉 '내가 응당 일체중생을 멸도하리라'라는 마음을 낼지니라.

'일체중생을 멸도한다'라고는 하지만 실지로는 한 중생도 멸도될 이가 없느니라. 왜냐하면 수보리야, 만약에 보살이 아상·인상·중생상·수자상이 있으면 보살이 아니기 때문이니라.

어떤 연유인고 하면 수보리야, 실지로 법

云何降伏其心 佛告須菩提 若善男子善女人 發阿耨多羅三藐三菩提心
者 當生如是心 我應滅度一切衆生 滅度一切衆生已 而無有一衆生 實滅
度者 何以故 須菩提 若菩薩 有我相 人相 衆生相 壽者相 卽非菩薩 所以
者何 須菩提 實無有法

이 있어서 아뇩다라삼먁삼보리심을 발한 것이 아닌 까닭이니라.

수보리야, 어떻게 생각하느냐? 여래께서 연등불 처소에서 법이 있어 아뇩다라삼먁삼보리를 얻으셨느냐?"

"아닙니다, 세존이시여. 제가 부처님께서 설하신 말씀의 뜻을 이해하기로는, 부처님께서는 연등불 처소에서 법이 있어 아뇩다라삼먁삼보리를 얻으신 것이 아닙니다."

부처님께서 말씀하셨습니다.

"그러하니라, 그러하니라. 수보리야, 실지로 법이 있어서 여래께서 아뇩다라삼먁삼보리를 얻으신 것이 아니니라. 수보리야, 만

發阿耨多羅三藐三菩提心者 須菩提 於意云何 如來 於燃燈佛所 有法得 阿耨多羅三藐三菩提不 不也 世尊 如我解佛所說義 佛於燃燈佛所 無有 法得 阿耨多羅三藐三菩提 佛言 如是如是 須菩提 實無有法 如來得 阿 耨多羅三藐三菩提

일 '법이 있어서 여래께서 아뇩다라삼먁삼보리를 얻으셨다'라고 한다면, 연등 부처님께서 곧 나에게 수기를 주시면서, '너는 내세에 마땅히 부처를 이루리니, 호를 석가모니라 하리라'라고 하시지 않았으려니와, 실지로 법이 있어서 아뇩다라삼먁삼보리를 얻은 것이 아니니라.

그러한 까닭으로 연등 부처님께서 나에게 수기를 주시면서 말씀하시되, '너는 내세에 마땅히 부처를 이루리니, 호를 석가모니라 하리라'라고 하셨느니라.

왜냐하면 '여래'라 함은, 곧 '모든 법에 여여하다'라는 뜻이기 때문이니라. 만약에

須菩提 若有法 如來得阿耨多羅三藐三菩提者 燃燈佛 卽不與我授記 汝於來世 當得作佛 號釋迦牟尼 以實無有法得 阿耨多羅三藐三菩提 是故 燃燈佛 與我授記 作是言 汝於來世 當得作佛 號釋迦牟尼 何以故 如來者卽諸法如義

어떤 사람이 있어, '여래께서 아뇩다라삼먁삼보리를 얻으셨다'라고 말하더라도, 수보리야 실지로 법이 있어 부처님께서 아뇩다라삼먁삼보리를 얻으신 것이 아니니라.

수보리야, 여래께서 얻으신 바 아뇩다라삼먁삼보리 가운데는 실다움도 없고 헛됨도 없느니라. 그러한 까닭으로 여래께서 설하시되, '일체 모든 법이 다 부처님 법'이라고 하셨느니라. 수보리야, 말한 바 '일체 모든 법'이란, 곧 일체 모든 법이 아니니라. 그러한 까닭에 이름을 '일체 모든 법'이라 하느니라.

수보리야, 비유하건대 '사람의 몸이 크

若有人 言如來得阿耨多羅三藐三菩提 須菩提 實無有法佛得 阿耨多羅三藐三菩提須菩提如來所得 阿耨多羅三藐三菩提於是中無實無虛是故如來說一切法皆是佛法須菩提所言一切法者卽非一切法是故名一切法須菩提 譬如人身長大

다'라고 하는 것과 같은 것이니라.”

수보리가 말씀드렸습니다.

“세존이시여, 여래께서 설하신, ‘사람의 몸이 크다’라는 것은 곧 큰 몸이 아니라 그 이름이 ‘큰 몸’인 것입니다.”

“수보리야, ‘보살’도 또한 이와 같아서, 만약에 이런 말을 하되, ‘내가 마땅히 한량 없는 중생을 멸도하리라’라고 한다면, ‘보살’이라 이름할 수 없느니라. 왜냐하면 수보리야, 실지로 ‘보살’이라고 이름할 것이 없기 때문이니라. 그러한 까닭으로 부처님께서 설하시되, ‘일체 모든 법이란 아도 없고, 인도 없고, 중생도 없으며, 수자도 없다’

54

須菩提言 世尊 如來說人身長大 卽爲非大身 是名大身 須菩提 菩薩 亦如是 若作是言 我當滅度無量衆生 卽不名菩薩 何以故 須菩提 實無有法名爲菩薩 是故 佛說一切法 無我無人無衆生無壽者

라고 하셨느니라.

수보리야, 만약에 어떤 보살이 이런 말을 하되, '내가 마땅히 불국토를 장엄하리라'라고 한다면, 이는 '보살'이라 이름할 수 없느니라. 왜냐하면 여래께서 설하신 '불국토를 장엄한다'라는 것은 곧 장엄이 아니라 그 이름이 '장엄'이기 때문이니라.

수보리야, 만일 보살이 '무아의 법을 통달한 자'이면, 여래께서는 이를 '참다운 보살'이라 이름하시느니라."

일체동관분 제 십팔

"수보리야, 어떻게 생각하느냐? 여래께

須菩提 若菩薩 作是言 我當莊嚴佛土 是不名菩薩 何以故 如來說莊嚴佛土者 卽非莊嚴 是名莊嚴 須菩提 若菩薩 通達無我法者 如來說名眞是菩薩

一體同觀分 第十八   須菩提 於意云何

서는 육안이 있으시냐?"

"그러하옵니다, 세존이시여. 여래께서는 육안이 있으십니다."

"수보리야, 어떻게 생각하느냐? 여래께서는 천안이 있으시냐?"

"그러하옵니다, 세존이시여. 여래께서는 천안이 있습니다."

"수보리야, 어떻게 생각하느냐? 여래께서는 혜안이 있으시냐?"

"그러하옵니다, 세존이시여. 여래께서는 혜안이 있으십니다."

"수보리야, 어떻게 생각하느냐? 여래께서는 법안이 있으시냐?"

如來有肉眼不 如是 世尊 如來有肉眼 須菩提 於意云何 如來有天眼不 如是 世尊 如來有天眼 須菩提 於意云何 如來有慧眼不 如是 世尊 如來 有慧眼 須菩提 於意云何 如來有法眼不

"그러하옵니다, 세존이시여. 여래께서는 법안이 있으십니다."

"수보리야, 어떻게 생각하느냐? 여래께서는 불안이 있으시냐?"

"그러하옵니다, 세존이시여. 여래께서는 불안이 있으십니다."

"수보리야, 어떻게 생각하느냐? '저 갠지스강 가운데 있는 모래와 같이'라고 하면서, 내가 '모래'를 말한 적이 있느냐?"

"그러하옵니다, 세존이시여. 모래를 말씀한 적이 있으십니다."

"수보리야, 어떻게 생각하느냐? 저 한 갠지스강에 있는 모래의 숫자와 같이 그렇게

如是 世尊 如來有法眼 須菩提 於意云何 如來有佛眼不 如是 世尊 如來
有佛眼 須菩提 於意云何 如恒河中所有沙 佛說是沙不 如是 世尊 如來
說是沙 須菩提 於意云何 如一恒河中所有沙

많은 수의 갠지스강이 있고, 그 모든 갠지스강에 있는 바 그 모래의 숫자만큼 부처님 세계가 있다면, 그 수가 많지 않겠느냐?"

"대단히 많겠습니다, 세존이시여."

부처님께서 수보리에게 이르시었습니다.

"저 국토 가운데 있는 중생의 가지가지 종류의 마음을 여래께서는 다 아시느니라. 왜냐하면 여래께서 설하신, 모든 '마음'은 모두 마음이 아니라 그 이름이 '마음'이기 때문이니라. 어떤 연유인고 하면 수보리야, 과거의 마음도 얻을 수 없고, 현재의 마음도 얻을 수 없으며, 미래의 마음도 얻을 수 없는 까닭이니라."

有如是沙等恒河 是諸恒河所有沙數 佛世界如是 寧爲多不 甚多 世尊 佛告須菩提 爾所國土中 所有衆生 若干種心 如來悉知 何以故 如來說 諸心 皆爲非心 是名爲心 所以者何 須菩提 過去心 不可得 現在心 不可得 未來心 不可得

"수보리야, 어떻게 생각하느냐? 만약에 어떤 사람이 있어, 삼천대천세계에 칠보를 가득히 채워서 보시한다면, 이 사람은 이 인연으로 복을 많이 얻겠느냐?"

"그렇습니다, 세존이시여. 그 사람은 이 인연으로 복을 대단히 많이 얻겠습니다."

"수보리야, 만약 복덕이 실다움이 있을진댄 여래께서 '복덕을 얻음이 많다'라고 말씀하지 않으시련만, 복덕이 없는 까닭에 여래께서는 '복덕을 얻음이 많다'라고 말씀하시느니라."

法界通化分 第十九
須菩提 於意云何 若有人 滿三千大千世界七寶 以用布施 是人 以是因緣 得福多不 如是 世尊 此人 以是因緣 得福 甚多 須菩提 若福德 有實 如來不說得福德多 以福德無故 如來說得福德多

　　"수보리야, 어떻게 생각하느냐? 부처님을 구족한 색신으로써 볼 수 있겠느냐?"

　　"볼 수 없습니다, 세존이시여. 여래를 구족한 색신으로써 볼 수 없습니다. 왜냐하면 여래께서 설하신 '구족한 색신'은 곧 구족한 색신이 아니라 그 이름이 '구족한 색신'이기 때문입니다."

　　"수보리야, 어떻게 생각하느냐? 여래를 모든 상이 구족한 것으로써 볼 수 있겠느냐?"

　　"볼 수 없습니다, 세존이시여. 여래를 '모든 상이 구족한 것'으로써 볼 수 없습니다.

離色離相分 第二十

須菩提 於意云何 佛 可以具足色身 見不 不也 世尊 如來 不應以具足色身 見 何以故 如來說具足色身 卽非具足色身 是名具足色身 須菩提 於意云何 如來 可以具足諸相 見不 不也 世尊 如來 不應以具足諸相見

왜냐하면 여래께서 설하신 '모든 상의 구족함'은 곧 구족이 아니라 그 이름이 '모든 상의 구족함'이기 때문입니다."

비설소설분 제 이십일

"수보리야, 너는 여래께서 이런 생각, 즉 '내가 마땅히 설한 바 법이 있다'라는 생각을 하신다고 말하지 말라. 이러한 생각을 짓지 말지니, 왜냐하면 만약에 어떤 사람이 '여래께서 설하신 바 법이 있다'라고 말한다면, 이는 곧 부처님을 비방하는 것이 되기 때문이니라. 능히 내가 설한 바를 이해하지 못한 까닭이니라. 수보리야, 설법이라는 것

何以故 如來說諸相具足 卽非具足 是名諸相具足
非說所說分 第二十一
須菩提 汝勿謂如來作是念 我當有所說法 莫作是念 何以故 若人 言 如來有所說法 卽爲謗佛 不能解我所說故 須菩提 說法者

은 '법을 가히 설할 것이 없음'을 이름하여 '설법'이라 하느니라."

그때 혜명 수보리가 부처님께 말씀드렸습니다.

"세존이시여, 자못 어떤 중생이 미래세에 이 법 설하시는 것을 듣고, 믿는 마음을 내겠습니까?"

부처님께서 말씀하셨습니다.

"저들은 '중생'이 아니며 '중생 아님'도 아니니라. 왜냐하면 수보리야, 중생을 '중생'이라 한 것은 여래께서 설하시되, 중생이 아니라 그 이름이 '중생'이라 하셨기 때문이니라."

無法可說 是名說法 爾時 慧命須菩提 白佛言 世尊 頗有衆生 於未來世 聞說是法 生信心不 佛言 須菩提 彼非衆生 非不衆生 何以故 須菩提 衆生衆生者 如來說非衆 生是名衆生

무법가득분 제 이십이

　수보리가 부처님께 사뢰었습니다.

　"세존이시여, 부처님께서 아뇩다라삼먁삼보리를 얻으신 것은 '얻은 바 없음'이 됩니다."

　부처님께서 말씀하셨습니다.

　"그러하니라, 그러하니라. 수보리야, 내가 아뇩다라삼먁삼보리 내지는 작은 법이라도 가히 얻음이 없으므로, 이를 '아뇩다라삼먁삼보리'라 이름하는 것이니라."

정심행선분 제 이십삼

　"또한 수보리야, 이 법은 평등하여 높고

63

無法可得分 第二十二　　須菩提 白佛言 世尊 佛 得阿耨多羅三藐三菩提 爲無所得耶 佛言 如是如是 須菩提 我於阿耨多羅三藐三菩提 乃至 無有少法可得 是名阿耨多羅三藐三菩提

淨心行善分 第二十三　　復次須菩提 是法 平等

낮음이 없으므로 '아뇩다라삼먁삼보리'라 이름하느니라. 아도 없고 인도 없고 중생도 없고 수자도 없이 모든 착한 법, 즉 일체 선법을 닦으면, 곧 아뇩다라삼먁삼보리를 얻느니라. 수보리야, 말한 바 '선법'이라는 것은 여래께서 설하시되, 곧 선법이 아니라 그 이름이 '선법'이라 하셨느니라."

복지무비분 제 이십사

"수보리야, 만약에 삼천대천세계 가운데 있는 모든 수미산왕 만큼의 칠보 무더기들을 누군가가 가져다 보시하더라도, 만약 어떤 사람이 이 반야바라밀경 내지는 네 구절

64

無有高下 是名阿耨多羅三藐三菩提 以無我 無人 無眾生 無壽者 修一切善法 卽得阿耨多羅三藐三菩提 須菩提 所言善法者 如來說卽非善法 是名善法

福智無比分 第二十四　　須菩提 若三千大千世界中 所有諸須彌山王 如是等七寶聚 有人 持用布施 若人 以此般若波羅蜜經 乃至

의 게송 등을 받아 지니며, 읽고 외워서 다른 사람을 위해 말해주는 것에 비하면, 그 복덕은 백 분의 일, 백천만억 분의 일에도 미치지 못할 뿐만 아니라, 헤아림이나 비유로는 능히 미치지 못하느니라."

화무소화분 제 이십오

"수보리야, 어떻게 생각하느냐? 너희들은 여래께서 이런 생각, 즉 '내가 마땅히 중생을 제도한다'라는 생각을 하신다고 말하지 말라. 수보리야, 이러한 생각은 짓지 말지니, 왜냐하면 실지로는 여래께서 제도할 중생이 없기 때문이니라. 만약에 여래께서

四句偈等 受持讀誦 爲他人說 於前福德 百分 不及一 百千萬億分 乃至算數譬喩 所不能及

化無所化分 第二十五　　須菩提 於意云何 汝等勿謂如來作是念 我當度衆生 須菩提 莫作是念 何以故 實無有衆生 如來度者

'제도할 중생이 있다'라고 하신다면, 여래는 곧 '아와 인과 중생과 수자가 있는 것'이 되느니라. 수보리야, 여래께서 설하신, '아가 있다'라고 하는 것은 곧 아가 있음이 아니거늘, 범부들이 '아가 있다'라고 여기는 것이니라. 수보리야, '범부'라는 것도 여래께서 설하시되, 곧 범부가 아니라 그 이름이 '범부'라 하셨느니라."

법신비상분 제 이십육

"수보리야, 어떻게 생각하느냐? 32상으로써 여래를 볼 수 있겠느냐?"
수보리가 말씀드렸습니다.

66

若有衆生 如來度者 如來卽有我人衆生壽者 須菩提 如來說有我者 卽非有我 而凡夫之人 以爲有我 須菩提 凡夫者如 來說卽非凡夫 是名凡夫

法身非相分 第二十六

須菩提 於意云何 可以三十二相 觀如來不 須菩提言

"예, 그렇습니다. 32상으로써 여래를 볼 수 있습니다."

부처님께서 말씀하셨습니다.

"수보리야, 만일 '32상으로 여래를 본다'라고 하면, 전륜성왕도 곧 여래이리라."

수보리가 부처님께 사뢰었습니다.

"세존이시여, 제가 부처님께서 설하신 말씀의 뜻을 이해하기로는 응당 32상으로써 여래를 볼 수 없습니다."

그때 세존께서 게송으로 말씀하셨습니다.

"만약 형색으로써 나를 보거나 소리로써 나를 구하면, 그 사람은 삿된 도를 행함이니, 능히 여래를 보지 못하리라."

如是如是 以三十二相 觀如來 佛言 須菩提 若以三十二相 觀如來者 轉輪聖王 即是如來 須菩提 白佛言 世尊 如我解佛所說義 不應以三十二相 觀如來 爾時 世尊 而說偈言 若以色見我 以音聲求我 是人行邪道 不能見如來

"수보리야, 네가 만일 이런 생각을 하되, '여래께서는 구족한 상을 쓰시지 않은 까닭으로 아뇩다라삼먁삼보리를 얻으셨다'라고 한다면, 수보리야 '여래께서는 구족한 상을 쓰시지 않은 까닭으로 아뇩다라삼먁삼보리를 얻으셨다'라는 생각을 짓지 마라.

수보리야, 네가 만일 이런 생각을 하되, '아뇩다라삼먁삼보리심을 발한 사람은 모든 법이 단멸했다고 말한다'라고 한다면, 이런 생각도 짓지 말지니, 왜냐하면 아뇩다라삼먁삼보리심을 발한 사람은 법에 있어서 단멸상을 말하지 않기 때문이니라."

無斷無滅分 第二十七
須菩提 汝若作是念 如來不以具足相故 得阿耨多羅三藐三菩提 須菩提 莫作是念 如來不以具足相故 得阿耨多羅三藐三菩提 須菩提 汝若作是念 發阿耨多羅三藐三菩提心者 說諸法斷滅 莫作是念 何以故 發阿耨多羅三藐三菩提心者 於法 不說斷滅相

불수불탐분 제 이십팔

　"수보리야, 만약에 보살이 갠지스강 모래 수만큼의 세계에 칠보를 가득히 채워서 보시에 쓴다고 하더라도, 만일 어떤 사람이 있어, '일체법이 아가 없음'을 알아서, 지혜를 얻어 이루면, 이 보살은 앞의 보살이 얻은 바 공덕보다 수승하리라. 왜냐하면 수보리야, 이 모든 보살은 복덕을 받지 않는 까닭이니라."

　수보리가 부처님께 사뢰었습니다.

　"세존이시여, 어찌하여 보살이 복덕을 받지 않습니까?"

　"수보리야, 보살은 지은 바 복덕에 탐착하

不受不貪分 第二十八

須菩提 若菩薩 以滿恒河沙等世界七寶 持用布施 若復有人 知一切法無我 得成於忍 此菩薩 勝前菩薩 所得功德 何以故 須菩提 以諸菩薩 不受福德故 須菩提 白佛言 世尊 云何菩薩 不受福德 須菩提 菩薩 所作福德

지 않느니라. 그러한 까닭으로 '복덕을 받지 않는다'라고 하느니라."

위의적정분 제 이십구

"수보리야, 만약에 어떤 사람이 있어서, '여래께서는 오시기도 하고, 가시기도 하며, 앉으시기도 하고, 누우시기도 한다'라고 말한다면, 이 사람은 내가 설한 바 뜻을 이해하지 못함이니라. 왜냐하면 여래란 어디로부터 온 바도 없으며 또한 가는 바도 없는 까닭에 '여래'라 이름하기 때문이니라."

일합이상분 제 삼십

"수보리야, 만약에 선남자 선여인이 삼천

不應貪着 是故說不受福德

威儀寂靜分 第二十九　　須菩提 若有人 言 如來 若來若去 若坐若臥 是人 不解我所說義 何以故 如來者 無所從來 亦無所去 故名如來

一合理相分 第三十　　須菩提 若善男子善女人

대천세계를 부수어서 작은 먼지로 만든다
면, 어떻게 생각하느냐? 그 수가 많지 않겠
느냐?"

　수보리가 대답하였습니다.

　"대단히 많겠습니다, 세존이시여. 왜냐하
면 만일 이 작은 먼지들이 실지로 있는 것이
라면, 부처님께서 곧 '작은 먼지들'이라고
말씀하지 않으셨을 것이기 때문입니다. 어
떤 연유인고 하면, 부처님께서 설하신 '작
은 먼지들'은 곧 작은 먼지들이 아니라 그
이름이 '작은 먼지들'인 까닭입니다.

　세존이시여, 여래께서 설하신 바 '삼천대
천세계'는 곧 세계가 아니라 그 이름이 '세

以三千大千世界 碎爲微塵 於意云何 是微塵衆 寧爲多不 須菩提言 甚
多 世尊 何以故 若是微塵衆 實有者 佛卽不說是微塵衆 所以者何 佛說
微塵衆 卽非微塵衆 是名微塵衆 世尊 如來所說三千大千世界 卽非世界
是名世界

계'입니다. 왜냐하면 만약에 세계가 실지로 있는 것이라면 곧 한 덩어리의 모양으로 된 것이려니와, 여래께서 설하신 '한 덩어리'는 한 덩어리가 아니라 그 이름이 '한 덩어리'이기 때문입니다."

"수보리야, '한 덩어리의 모양'이란 곧 말할 수 없거늘, 다만 범부들이 그것을 탐내고 집착하느니라."

지견불생분 제 삼십일

"수보리야, 만약에 어떤 사람이 말하기를 '부처님께서 아견·인견·중생견·수자견을 설하셨다'라고 한다면, 어떻게 생각하느

何以故 若世界 實有者 卽是一合相 如來說一合相 卽非一合相 是名一合相 須菩提 一合相者 卽是不可說 但凡夫之人 貪着其事

知見不生分 第三十一

須菩提 若人言 佛說我見 人見 衆生見 壽者見 須菩提 於意云何

나? 이 사람은 내가 설한 바 뜻을 이해하고 있는 것이냐?"

"아닙니다, 세존이시여. 그 사람은 여래께서 말씀하신 뜻을 이해하지 못한 것입니다. 왜냐하면 세존께서 설하신 '아견·인견·중생견·수자견'은 곧 아견·인견·중생견·수자견이 아니라 그 이름이 '아견·인견·중생견·수자견'이기 때문입니다."

"수보리야, 아뇩다라삼먁삼보리심을 발한 사람은 모든 법에 대하여 마땅히 이와 같이 알고, 이와 같이 보며, 이와 같이 믿고 이해하여, '법'이라는 상을 내지 말아야 하느니라. 수보리야, 말한 바 '법상'이란 여래께

是人 解我所說義不 不也 世尊 是人不解如來所說義 何以故 世尊 說我見 人見 眾生見 壽者見 卽非我見 人見 眾生見 壽者見 是名我見 人見 眾生見 壽者見 須菩提 發阿耨多羅三藐三菩提心者 於一切法 應如是知 如是見 如是信解 不生法相 須菩提 所言法相者

서 설하시되, 곧 법상이 아니라 그 이름이 '법상'이라 하셨느니라."

응화비진분 제 삼십이

"수보리야, 만약에 어떤 사람이 있어, 한량없는 아승지 세계에 칠보를 가득히 채워서 보시에 쓴다고 할지라도, 만일 어떤 선남자 선여인이 보살심을 발한 자가 있어서, 이 금강경을 지니거나, 혹은 네 구절의 게송 등이라도 받아 지니며 읽고 외워서, 다른 사람을 위해 널리 말해주면, 그 복덕이 먼저보다 수승하리라. 다른 사람을 위해 널리 말해 줄 때는 어떻게 해야 할 것인가? 상에 집착하

如來說卽非法相 是名法相

應化非眞分 第三十二　須菩提 若有人 以滿無量阿僧祇世界七寶 持用布施 若有善男子善女人 發菩薩心者 持於此經 乃至四句偈等 受持讀誦 爲人演說 其福勝彼 云何爲人演說

지 말고, 한결같이 하며, 흔들림 없이 하라.

왜냐하면, 일체의 '중생심이 쓰는 유위법'은 꿈과 같고, 허깨비와 같고, 물거품과 같고, 그림자와 같고, 이슬과 같고, 번개와 같기 때문이니, 마땅히 이와 같이 보아라."

부처님께서 이 금강경 설하심을 모두 마치시니, 장로인 수보리와 모든 비구·비구니와 우바새·우바이와 일체 세간의 하늘사람·인간·아수라 등이 석가모니 부처님의 법문을 듣고, 모두 다 크게 환희하며, 믿고 받아 지녀, 받들어 행하였습니다.

不取於相 如如不動 何以故
一切有爲法 如夢幻泡影 如露亦如電 應作如是觀
佛說是經已 長老須菩提 及諸比丘 比丘尼 優婆塞 優婆夷 一切世間 天人 阿修羅 聞佛所說 皆大歡喜 信受奉行

사경회향문

사경제자   합장

사경마침   년   월   일

無一 우학 큰스님

無一 우학 큰스님은
서기 2000년 연대산문(蓮臺山門)을 열고
무일선원(無一禪院) 무문관(無門關)의 선원장으로 정진하고 계십니다.
스님의 주요 선(禪) 사상은 실참으로 선관쌍수(禪觀雙修)이며,
이론으로 오도체계(悟道體係)입니다.

불보사찰 통도사 출가(出家)
성파 대종사를 은사로 득도(得度)
대학, 선방, 강원, 토굴 등 제방에서 면학, 수행
성우 대종사로부터 비니정맥 전수
출가상좌(스님) 60여 명, 마을(유발)상좌 3천여 명.

한국불교대학 大관음사 창건
국내외 십여 군데 도량 설립(미국, 중국 등)
무일선원 무문관 창건(스님 및 신도 수행처)

포교대상 종정상 대상(대한불교 조계종)
대원상 대상(재단법인 불교진흥원)
300여 권의 저술

사회복지 법인 無一복지재단 설립 : 요양원, 노인센터, 지역아동센터, 공동생활 가정, 치매
학교, 주간보호센터/ 참좋은 어린이집, 참좋은 유치원 설립/ 학교법인 無一학원 설립(참좋
은 이서중·고등학교)/ 도서출판 좋은인연 설립/ 사단법인 NGO B.U.D 설립/ 의료법인 無
一의료재단 설립(참좋은 요양병원)/ K-붓다 빌리지(B·U·D 山海 세계명상센터) 설립/ 자
연 치유 마을(지리산 도량) 설립

YouTube

유튜브불교대학에서
우학 스님의 '**금강경 독송**', '**뜻풀이 금강경 정독**'을
들을 수 있습니다.

유튜브불교대학 – 재생목록 – 독송편

대한불교조계종 한국불교대학 大觀音寺(유튜브불교대학)
홈페이지 / 한국불교대학
다음카페 / 불교인드라망
유튜브 / 우학스님 유튜브불교대학
유튜브 / 우학스님 K-BuddhaVillage(부처님마을)

초판발행 2006. 10. 20 | 4판7쇄 2025. 04. 30

편저자 無一 우학 스님
펴낸곳 도서출판 좋은인연 (한국불교대학 부속출판사)
등록 제4-88호
주소 대구시 남구 중앙대로 126
전화 053.475.3707

ISBN 978-89-86829-76-1(03220) 4,000원